Lin 27/12186

BRIDE EN MAIN,

M.ᵣ DE MEZI,

OU

PETITE LEÇON

Provisoire

AU GÉNÉRAL EN CHEF DES POSTILLONS
ET FACTEURS DE FRANCE;

Par LEMAIRE, *Carrossier, rue Castiglione,*
N.ᵇ 27.

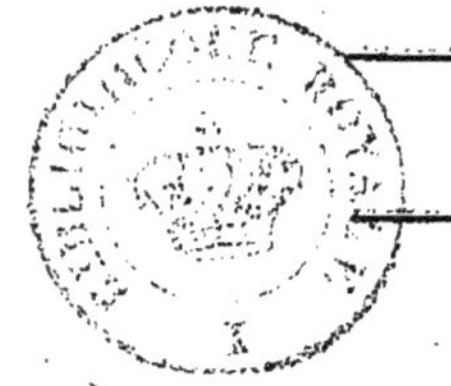

Prix : 5o centimes.

PARIS,

Imprimerie de BRASSEUR aîné, rue Dauphine, n. 36.

Quelle terrible séduction que celle du pouvoir absolu ! Il est des hommes en place qui, étrangers aux élémens du Gouvernement représentatif, corrompus par l'habitude et l'impunité du despotisme, espérant que la responsabilité sera toujours éludée, croient pouvoir, non-seulement commettre des injustices, mais encore étouffer les plaintes des opprimés. Cet état de choses a déjà fait bien des victimes, parce que la presse était esclave ; mais l'inexorable loi de la nécessité l'a affranchie, et déjà de terribles révélations ont fait connaître bien des iniquités ; beaucoup d'autres le seront encore. En attendant ces nouveaux bienfaits, j'appelle l'opinion publique, cette régulatrice des pays libres, sur la conduite d'un fonctionnaire éminent, député, qui a, dans une seule opération, foulé les principes de la loyauté, et conclu un marché horriblement onéreux à la patrie. Il ne s'est point borné à cette double faute ; j'ai dénoncé les faits à la Chambre des Députés ; au lieu de se restreindre dans les bornes d'une légitime défense, il a du haut de la tribune lancé contre moi des traits envenimés qui blessent également la vérité, les convenances, la justice et la vraisemblance, pouvaient compromettre mon état, ma réputation, presque mon honneur. Je n'imiterai point cet exemple, je dédaignerai de trop faciles représailles ; les faits sont déjà assez accusateurs ; mais quelque graves qu'ils soient, je respecterai l'auguste caractère dont une honorable confiance a investi mon injuste adversaire.

En juillet 1818, M. Dupleix de Mézi, directeur général des postes, fit annoncer, par la voie des affiches et des journaux, l'adjudication au rabais de la fourniture et entretien des malles-postes à substituer aux malles-postes alors employées à la poste aux lettres. Le délai portait jusqu'au 6 août.

Je m'assurai des cautions exigées pour 600,000 f., ainsi que des approvisionnemens nécessaires, et j'offris en temps utile de faire la fourniture à 70 centimes par poste. J'étais certain que mon offre était la plus basse ; je ne pouvais donc craindre d'être éliminé.

Le 14, M. de Mézi m'écrit : « qu'il a ouvert en assem-
» blée du conseil des postes les différentes soumissions
» qui lui étaient parvenues, qu'il y avait trouvé la mienne,
» et que ma soumission ne contient qu'un consentement
» exprimé en termes vagues et généraux, de me conformer
» aux conditions imposées par le cahier des charges, et que
» d'ailleurs je n'avais pas mûri l'engagement que j'avais
» contracté. »

Je lui répondis le même jour que j'avais pris l'obligation formelle de me conformer aux conditions imposées,
que je connaissais l'étendue de l'engagement que j'avais
pris; qu'étant patenté, avantageusement connu à Paris et
dans les départemen., ayant d'ailleurs présenté les cautions exigées, mon offre étant la plus modérée, par conséquent la plus avantageuse à l'État, je réclamais l'adjudication comme un droit acquis.

Le 17, j'écrivis à S. E. le ministre des finances pour
lui faire connaître les faits, et lui faire sentir qu'il était
inconcevable qu'on voulût rejeter ma soumission à 70
centimes, pour lui en préférer une autre à 95, sous les
plus ridicules prétextes. Point de réponse.

Le 20, je *récris* à M. de M. pour lui renouveler ma
demande en reproduisant mes droits : point de réponse;
et j'apprends qu'au détriment du trésor, l'adjudication a
été consentie au sieur Grosjean, carrossier, de Paris, à
95 centimes pendant neuf années. Certes, il était bien
juste et bien naturel qu'on lui donnât l'adjudication à un
prix plus élevé; car on n'exigeait pas de lui un cautionnement, si l'on en croit le récit public.

Je récris au ministre des finances pour lui dénoncer ce
traité si évidemment désavantageux : point de réponse.
Qu'est-ce donc que ce ministère qui fait si lestement les
injustices, qui ne répond à aucune plainte dans l'intérêt
de l'Etat? Et nous sommes sous un gouvernement représentatif, dans lequel toutes injustices doivent être connues
et sévèrement punies? La responsabilité sera-t-elle donc
toujours une chimère?

Enfin le 7 octobre, le silencieux ministre m'écrit que
l'adjudication avait été consentie au sieur Grosjean, le 6
août, et qu'il n'y avait plus à y revenir. Ne plus y revenir!
Quelle est donc cette formule impérative? Sommes-nous
donc à Alger? J'y reviendrai, monseigneur, jusqu'à ce

que l'iniquité soit expiée. Je discuterai plus tard ces diverses réponses.

J'adresse une plainte au conseil privé du Roi, qui la
renvoie au ministre de la justice, qui la renvoie au ministre des finances, redevenu juge et partie.

Ainsi ballotté, je m'adresse à la Chambre des députés; on
fait un rapport dont les conclusions tendent au renvoi à
la commission du budget. M. de M., redoutant la lu-
mière, s'élance à la tribune pour s'y opposer, et, en-
flammé de colère, se permet des outrages, des calomnies
également indignes de son caractère public, et de la tribune nationale. Le renvoi n'en est pas moins ordonné;
mais la commission du budget n'a pas jugé à propos d'en
faire mention. Je ne me plaindrai point de ce silence qui
équivaut pour moi à un déni de justice, qui ne tend à
rien moins qu'à pallier des fautes, qu'à compromettre les
intérêts d'un père de famille et ceux du gouvernement.

Je crois devoir ajouter que pour forcer M. le directeur-
général dans ses derniers retranchemens, je me représen-
tai, le 6 août, chez son secrétaire, M. Boulanger, lequel me dit que, si je pouvais réduire ma soumission à 60
centimes, l'adjudication serait faite en ma faveur. Je le
fis ; vain sacrifice ! la partie était trop bien liée, ma seconde
offre fut rejetée comme la première, sous prétexte que le
délai fatal était expiré.

Voilà les faits dans la plus parfaite exactitude : ce
simple récit suffirait sans doute pour juger la conduite de
ce fonctionnaire. Je vais cependant réfuter les réponses,
les outrages et les calomnies de M. le directeur-général.

On a déjà vu que j'avais présenté en temps utile ma
soumission, qui fut *ouverte, comme les autres, le 6
août, et qu'elle contenait un consentement exprimé
en termes vagues et généraux de me conformer aux
conditions imposées par le cahier des charges*, dit
M. de Mézi, qui, par une délicate obligeance, paraît
craindre *que je n'aie pas assez mûri mon engagement.*

On ne sait ce qui doit le plus étonner dans cette inconcevable lettre, ou de sa maladresse ou de l'apparent intérêt qu'elle me témoigne, Quoi! il m'écrit le 14 (ce
qu'on vient de lire), ce qui suppose le concours ouvert, et
l'adjudication était faite du 6 ? Quelle duplicité, M. Dupleix! Mais, si réellement elle eût existé sous cette date,

pourquoi ne pas le dire? Quel est donc le ménagement qui le porte à dissimuler? à quoi bon ce mystère? Lequel des deux, du ministre ou de vous, monsieur, a trahi la vérité? Ce qu'il y a de bien sûr, c'est qu'il y a une contradiction entre la lettre du 14 août et celle du 7 septembre, par conséquent une supposition; vous n'essaierez pas sans doute de vouloir vous justifier, en prétendant que celle du 7 septembre n'est point votre ouvrage. Vain subterfuge! Son Excellence ne pouvait écrire, à cet égard, que ce qu'elle savait de vous. Vous êtes donc seul responsable; mais si l'adjudication était faite le 6, pourquoi ce jour-là même votre secrétaire se chargeait-il de faire recevoir ma soumission réduite à 60 centimes? Je m'arrête pour ne pas trop long-temps abuser de votre embarras; j'espère que vous me saurez gré de ma discrétion.

D'autre part, que signifie le motif pris du *vague* et de *la généralité* de mes expressions? Puisque vous exigiez un protocole particulier, pourquoi ne pas en avoir d'avance indiqué la formule? Comment ne suffit-il pas de dire textuellement qu'on a lu le cahier des charges et qu'on se conforme aux conditions qu'il renferme? Lorsqu'on a lu à un fonctionnaire la formule du serment à prêter, exige-t-on qu'il la répète? Ne se contente-t-on pas de la réponse : *Je le jure?* Malgré toute la vénération que j'ai pour vos lumières, je persiste à croire que votre observation est une niaiserie, que mon engagement ainsi conçu, loin d'être *vague*, est au contraire précis et positif, et que si, devenu adjudicataire, j'avais voulu me soustraire à son exécution, vous m'auriez trouvé très-irrévocablement lié.

Quant à l'espèce d'intérêt que vous me témoignez en paraissant craindre que je n'aie pas assez mûri mon engagement, vous me dispenserez sans doute de toute reconnaissance. De quel droit, je vous prie, vous portez-vous pour mon tuteur? Si mon engagement était téméraire, n'aviez-vous pas mes cautions? Tout ce que vous aviez à faire dans l'intérêt du gouvernement était de les discuter: ne les discutant point, vous deviez adjuger, d'après ma soumission, qui était la plus modérée, au lieu de montrer cette perfide sollicitude sur mon engagement pris avec trop peu de maturité. Mais où avez-vous donc pris les connaissances nécessaires pour préjuger la témérité de mon engagement? Comment pouvez-vous connaître mon état mieux que moi? Certes, je ne vous contesterai pas le talent de favoriser vos créatures aux dépens de la chose publique ; mais permettez-moi de croire que je connais ma profession mieux que vous. Seriez-vous par hasard comme tant d'autres qui, parce qu'ils sont élevés en dignité, croient savoir ce qu'ils n'ont jamais appris?

Il est donc évident que la prétendue date de l'adjudication n'est qu'une antidate, pour faire essuyer à l'état une perte immense et enrichir votre protégé ; vous apprécierez cette indulgente conjecture, car une plus grave serait bien plus vraisemblable. Que sera-ce si je rappelle pour rendre plus condamnable votre lettre du 14, qu'ayant offert le 6 août une réduction, on n'en a tenu aucun compte sous prétexte de l'expiration du délai fatal. Eh d'où vous est venu tout-à-coup ce religieux scrupule pour un prétendu traité, si récent, si onéreux, vous qui avez résilié sans ménagement celui du sieur Yrisson qui avait encore six années à jouir, qui faisait le service depuis 40 ans, et dont le bail portait expressément qu'aucune *innovation ne pouvait être faite sans son consentement?* Vous avez sans doute cru encore que ces expressions étaient *trop vagues et trop générales.*

On croirait peut-être qu'il ne me reste plus d'observations à faire sur cette étrange lettre. Je suis cependant bien loin de les avoir épuisées. Je continue. Veut-on savoir d'où viennent les doutes de M. de M. sur l'étendue de mes ateliers, de mes moyens et de mes approvisionnemens? Il nous l'apprend lui-même dans les paragraphes suivans. bien dignes de ce qui précède.

« Mes doutes, dit-il à cet égard, sont expliqués par la
» lettre que m'ont adressée MM. Denuelle et Dréli, par
» laquelle en se présentant comme vos associés pour l'en-
» treprise dont il s'agit, ils ont en leur propre et privé
» nom, et sans votre intervention, réduit le prix du service
» à 30 centimes par lieue. J'ai *vu* par-là que ces Messieurs
» seraient les seuls et véritables entrepreneurs, et que
» par conséquent vous ne feriez que leur prêter votre
» nom. — Telle n'est pas la première condition du cahier
» des charges, puisque suivant cette condition l'entreprise
» ne peut être confiée qu'à un sellier-carrossier en état
» par ses propres moyens d'exploiter l'entreprise. »

Les réflexions, ici, se présentent en foule, et j'étais bien loin d'espérer que M. de M. prêtât aussi bénévolement le flanc. D'abord, avant d'argumenter contre moi de l'assertion de ces Messieurs sur notre prétendue association, il fallait m'interpeller sur le fait pour l'éclaircir avec moi ; j'aurais répondu alors comme je l'affirme aujourd'hui qu'ils n'ont jamais été mes associés. Mais en les supposant tels, en me supposant simple prête-nom, la première condition en vertu de laquelle l'entreprise ne peut être confiée qu'à un homme de l'art, aurait été remplie, puisque j'aurais été seul en nom. Qu'importe après cela à l'administration que j'aie des associés ? Et les cautions croit-on qu'elles soient désintéressées? Peut-on penser qu'un homme fournisse un cautionnement en numéraire et laisse hypothéquer ses propriétés dans le seul intérêt de l'adjudicataire, et sans être en part des bénéfices avec lui ? Jamais un bail a-t-il été cassé sous prétexte qu'un entrepreneur avait des associés ?

Mais, dira M. le directeur-général, j'étais le maître de choisir parmi les soumissions. Oui, sans doute, je suis loin de contester ce droit ; mais il conviendra à son tour que ce droit ne peut être exercé que dans l'intérêt de l'état ; ici, au contraire, c'est à son détriment, et l'on verra bientôt dans quelle proportion.

Quant à l'étendue de mes ateliers et à mes approvisionnemens, comment se fait-il que M. de M., ayant ouvert les soumissions le 5, et adjugé le 6, ait pu, dans si peu de temps, avoir des détails assez exacts pour en faire le motif d'un rejet ? En vérité, la conscience d'un jury de 1793 n'était pas plus promptement éclairée.

Mais, sous un autre rapport, cette lettre contenait une soumission à 60 centimes par lieue, moi-même j'en ai fait une pareille entre les mains du secrétaire, le 6, et, sur sa parole, que l'adjudication m'en serait faite. Quel est donc le motif qui a pu décider M. de M. à ne donner aucune suite à ces deux propositions qui méritaient bien d'être accueillies ? Encore, si après les avoir dédaignées, il avait adjugé à tout autre au même prix, personne n'aurait eu à se plaindre. Mais point du tout, il les rejette, et traite au prix exorbitant de 95 centimes. Je défie l'ami le plus déterminé de M. de M., de justifier l'inconcevable précipitation qui a fait conclure cet onéreux traité, par un administrateur qui aime tant la *maturité dans les en-gagemens*, et qui affiche *une si tendre sollicitude pour les intérêts du gouvernement.* Invoquerait-il, pour le justifier, la sûreté du service ? Mais il ne pouvait être interrompu, puisqu'on pouvait très-aisément le continuer avec les anciennes voitures. Il n'y avait donc pas d'urgence ? Certes, il lui convient bien après une stipulation aussi désastreuse de vanter sa *sollicitude* pour le service du gouvernement ! Quant à moi, je sais bien quelle est la reconnaissance due à cette *tendre sollicitude* ; je ne l'indiquerai point, mais tous les amis de la justice m'auront sans doute deviné.

J'aurais bien d'autres choses à dire, notamment sur l'exigence d'une fortune suffisante, déclarée cependant insuffisante par l'obligation de se faire cautionner. On commencera donc par établir une inquisition pour connaître les affaires d'un homme, et après on diminuera ses bénéfices par l'intérêt donné aux cautions, et tout cela pour faire essuyer une perte énorme au gouvernement. Quelle justice ! quelle administration ! Mais il faut que tout finisse, même le plaisir de battre M. de M. D'ailleurs il faut laisser au public le plaisir de tirer ses conséquences ; je lui livre cette lettre que M. de M. sera sans doute bien fâché d'avoir signée ; car, en vérité, il a été bien mal servi par sa raison, ou par son secrétaire.

Nous venons de voir M. le directeur général dans sa ridicule corrrespondance ; nous allons maintenant voir le député à la tribune. On n'a point oublié les conclusions de M. le rapporteur, tendantes au renvoi à S. E. le ministre des finances et à la commission du budjet. Le renvoi au ministre n'a nullement effrayé M. de Mézi ; il s'est résigné de la meilleure grace, on sent bien pourquoi. Quant à la commission du budjet, il en a décliné la jurisdiction avec une violence extraordinaire. Dans sa fougueuse opposition, M. de Mézi n'a respecté ni la majesté du lieu, ni la justice, ni la vérité, ni les convenances. Certes, il fallait que sa conduite fût bien répréhensible pour repousser ainsi un jury de famille. Quant à moi qui n'ai pas l'honneur d'être député, je n'aurais peut-être pas recusé même M. l'abbé Louis. Aussi que de suppositions, que d'invraisemblances il a entassées ! Tant il est vrai qu'on ne peut défendre une mauvaise cause que par de

mauvais moyens. En voici quelques échantillons : il a
prétendu (et toujours sur parole) que je n'étais que
l'associé d'un maître de poste failli , poursuivi pas ses
créanciers, et qui avait inutilement tenté de relever trois
relais démontés. Voilà un capitaliste d'une espèce nou-
velle ! Et à qui pourroit-on persuader que j'aie eu la maladresse de choisir pour associé un homme dont la mauvaise position aurait suffi pour écarter de moi toute
confiance ?

Il n'a pas plus épargné mes ateliers que moi. Il les a
déclarés insuffisans pour cette entreprise, comme si , à
l'exemple du sieur Gros-Jean , je n'avais pu y suppléer
par des locations nouvelles. Jusqu'ici du moins ce n'est
que du ridicule , voici l'odieux : il s'est oublié jusqu'à
affirmer que je promettais un cautionnement sans prou-
ver que j'eusse le moyen de le faire. Bride en main, M. le
directeur général des postes, la passion vous fait prendre
le mors aux dents. J'ai proposé des cautions ; et au lieu
de préjuger leur refus , il fallait les mander , vous auriez
vu qu'elles se seraient présentées, et qu'elles étaient dignes
de la plus haute confiance.

Il a ajouté que mes moyens étaient insuffisans , et ma
capacité ignorée. Comment donc M. le directeur général
a-t-il pu connaître mes moyens ? A-t-il compté avec moi ?
Ai-je de mauvaises affaires ? Ai-je été poursuivi devant
les tribunaux ? A-t-il des espions dans les familles pour en
explorer les facultés ? Sur quelle base a-t-il affirmé que je
ne pourrais réaliser le cautionnement offert ? Par la discussion seule il aurait pu juger du mérite de mon offre,
et il l'a dédaignée.... Où a-t-il puisé ses doutes sur ma
capacité ? Quoi ! cet homme qui sait tant de choses, qui
sait que je ne puis, quoique garanti, remplir mes engagemens, et que le sieur Gros-Jean le peut sans caution ,
peut-il ignorer que j'ai fait diverses entreprises pour le
ministre de la guerre , et que j'ai toujours rempli scru-
puleusement les conditions des traités. Peut-il ignorer,
puisque les journaux de 1810 l'ont publié, que la première
voiture qui a paru en France , sans soupente , ni flèche,
ni brancard , aussi solide que les anciennes , était mon
ouvrage ?

Mais, je le répète, quels que fussent mes moyens et ma
capacité , suffisans ou non , quelle que fût l'étendue de

mes ateliers , mes cautions étaient là , il n'avait qu'à les discuter. Au lieu de suivre cette marche simple et obligée, il a préféré l'inutile discussion sur ma responsabilité personnelle , et m'abreuver d'outrages et de diffamations. Comment pourra-t-il remonter à cette tribune pour défendre les droits de la justice , après l'avoir souillée par d'invraisemblables calomnies, pour me dépouiller d'un droit acquis , et faire un marché onéreux à l'État ?

Mais je vais plus loin. En supposant l'exiguité de mes moyens, comment n'a-t-il pas senti les suites que pouvaient avoir de pareilles assertions prononcées à la tribune nationale ? Comment n'a-t-il pas senti qu'elles étaient de nature à me faire perdre mon crédit, la confiance publique, mon état, peut-être mon honneur, et enlever à ma famille les moyens d'exister ? S'il croyait à ma détresse , à mon incapacité, il y a bien de l'indiscrétion et de l'inhumanité dans cette révélation publique ; s'il n'y croyait pas , quelle noirceur dans ses déclamations !

C'est le moment de donner la preuve mathématique de l'énorme perte qui résulte de cet inconcevable traité.

Le tableau suivant est sans réplique.

L'administration des postes s'est engagée à faire parcourir , chaque année , 710,000 l. de poste , ou 355,000 postes. La différence de 25 centimes entre la soumission Gros-Jean et la mienne , présente une perte annuelle de 88,755 f. et de 798,795 f. pour la durée du bail. Si on part de ma réduction à 60 centimes , la différence sera de 35 centimes; la perte pour chacune des neuf années sera de 124,255 f. , et la perte totale de 1,118,295 f.

Cet aperçu suffirait sans doute pour apprécier la conduite de M. D. M. Mais une réflexion de M. le rapporteur m'engage à donner de nouveaux développemens. Je copie le Moniteur du 11 avril 1819. « Votre commission sait » que l'adjudication faite dans les formes voulues et signées » par l'autorité compétente, est un traité synallagmatique » et irréfragable. Mais sera-t-il éternel ?... Pas de doute » que l'entreprise qui se suit avec avantage , que les frais » faits par l'adjudication ne soient à considérer... Mais l'in-» térêt de l'État demande que si elle lui est onéreuse, *le* » *bénéfice ait aussi ses bornes.* »

On a déjà vu l'immensité de la perte à essuyer. Voici un aperçu des bénéfices qui sont évidemment dans le cas qu'on leur assigne des bornes d'après le principe de M. le rapporteur :

150 voitures (dont la propriété reste au soumission-naire qui les loue à l'administration) coûtent tout au plus 3,500 f. chacune; les 150 coûtent donc 525,000 f. ,

A quoi il faut ajouter d'après les calculs les plus exagérés pour frais de location , dépen-ses d'entretien et intérêt des fonds 150,000 f. par an, ce qui , répété pendant neuf ans , présente une somme de . . . . 1,350,000 f.

TOTAL. 1,875,000

Il recevra dans le même temps, pour chaque année, le montant de 355,000 postes à 95 c. prix de la soumission , 337,259 f. , ce qui , pendant neuf ans , offre un résultat de 3,035,250

DIFFÉRENCE EN BÉNÉFICE . . . 1,160,250 f.

En conscience, voilà des capitaux placés à un intérêt trop élevé, et je laisse au lecteur le choix de l'expression propre à caractériser un pareil traité, ainsi que l'admi-nistrateur qui l'a conclu, et offert d'en assumer la respon-sabilité, en récusant toutefois le tribunal de famille. Certes, je doute fort que M. D. M. , *malgré son élo-quence ,* puisse atténuer ces terribles argumens et échap-per aux conjectures du public. Qu'il n'en accuse que lui-même et ses inconvenantes déclamations.

Il est donc démontré , 1°. qu'au mépris des engagemens publics les plus solennels , il m'a éliminé sous les plus vains prétextes pour me préférer un adjudicataire sans caution dont la soumission était plus élevée; 2° qu'en violant ainsi la foi des traités , qu'en sacrifiant un père de famille, un ouvrier estimable , il a fait perdre au tré-sor une somme énorme ; 3°. que sans respect pour la majesté du lieu et son auguste caractère , il s'est permis contre moi d'outrageantes personnalités , m'a dépouillé d'un droit acquis , et a publiquement diffamé sa victime.

Tel est le récit des faits dans la plus parfaite exactitude; il n'est pas un lecteur qui ne soit assez instruit pour pro-noncer entre l'homme puissant et l'opprimé. M. de Mézi rendra sans doute justice à ma modération après la véhémente fureur avec laquelle il m'a attaqué sans respect pour les convenances , la justice , la majesté du lieu , et l'auguste caractère dont il est revêtu ; il ne pourra m'accuser ni de passion ni d'interêt personnel , car l'affaire étant consommée depuis long-temps , je ne puis prétendre qu'à des indemnités dans le cas où l'on *assignerait des bornes à d'exorbitans bénéfices.* Si M. de M. par son inconcevable conduite n'avait compromis que mes espérances et mes interêts, je n'aurais pas fait ce pénible éclat, je me serais contenté de gémir en silence sur cet abus de pouvoir. Mais la justice a été foulée, mais l'interêt du trésor a été sacrifié, mais j'ai été outragé, calomnié, et je garderais un coupable silence ? Non, non, point de ménagement, il faut que la patrie sache comment elle est servie par ceux qu'elle salarie avec tant de munificence ; il faut qu'elle sache que M. le directeur général des postes, qui dévore à lui seul les contributions de plusieurs communes, fait un aussi désastreux usage de son autorité ; que, doté d'un traitement qui contraste si cruellement avec la misère toujours croissante d'une population toujours croissante, il ajoute aux calamités publiques par des traités honteusement onéreux... Mais je m'arrête ; je craindrais que ce sentiment national trop exalté ne me fît déborder... j'ai rempli un devoir rigoureux et sacré, je me tais ; l'opinion est éclairée, qu'elle prononce ; je suis loin de redouter son arrêt.

DIRECTION GÉNÉRALE DES POSTES.

Secrétariat-général, 4.ᵉ bureau, 2.ᵉ section·

Paris, le 13 août 1818.

J'ai ouvert, monsieur, en assemblée du conseil des postes les différentes soumissions qui m'étaient parvenues relativement à l'entreprise des nouvelles malles-postes à substituer aux malles qui sont présentement employées au service des postes.

Parmi ces soumissions, j'ai trouvé la vôtre par laquelle vous demandez pour l'exploitation des nouvelles voitures un prix de service de trente-cinq centimes par lieue.

J'ai remarqué que votre soumission ne *contient qu'un consentement exprimé en termes vagues et généraux* de vous conformer aux conditions imposées par le cahier des charges, au lieu de l'obligation expresse, précise et détaillée de satisfaire à chacune de ces conditions, que vous deviez cependant prendre en considération pour **vous déterminer** dans l'évaluation du prix de service, et *j'ai pu croire*, à la *modicité du prix* que vous avez demandé, que vous ne vous *étiez pas rendu compte des dépenses* qui devaient résulter pour vous de l'établissement d'ateliers tels que les a indiqués le cahier des charges, de la construction et de l'entretien des cent cinquante voitures qui sont nécessaires pour le service.

Au surplus, mes doutes à cet égard se sont expliqués par la lettre que m'ont adressée MM. Denuelle et Drély, par laquelle en se présentant comme vos associés pour l'entreprise dont il s'agit ils ont *en leur propre et privé nom, et sans votre intervention*, réduit le prix du service à trente centimes par lieue. J'ai vu PAR LA que ces messieurs seraient les seuls et véritables entrepreneurs, et par conséquent que vous ne feriez que leur prêter votre nom.

Telle n'est pas la première condition du cahier des charges, puisque suivant cette condition l'entreprise ne peut être confiée qu'à un sellier-carrossier *en état par ses propres moyens d'exploiter l'entreprise* (1).

J'ai de plus à vous faire observer que vous n'avez pas *justifié*, comme le prescrivait le cahier des charges, que vous fussiez pourvu déjà d'ateliers convenables et de matières premières propres à la construction des voitures, ni *que vous pussiez fournir* le cautionnement en immeubles et le cautionnement en numéraire qui sont exigés, par la considération qu'en vous présentant, vous agissiez pour le compte d'autres personnes, et d'ailleurs par les autres motifs qui ont dû *exciter ma sollicitude pour le service du gouvernement*, je me suis trouvé *forcé* de rejeter votre soumission.

Je vous fais part de cette détermination que vous trouverez sans doute *suffisamment motivée*.

Recevez, monsieur, l'assurance de ma parfaite considération.

Le Conseiller d'Etat,
Directeur-général des Postes,

DUPLEIX DE MÉZY.

---

(1) Pourquoi donc exiger 600,000 fr. de cautionnement ?

Copie de la Soumission.

Je soussigné, François-Joseph Lemaire, Sellier-Car-rosssier, patenté pour la présente année, sous le n°   , demeurant rue Castiglione, n°. 27, après avoir pris connaissance du cahier des charges, concernant les nouvelles malles-postes, que l'administration générale des postes désire établir, m'oblige et m'engage, envers elle, de me conformer en tous points, audit cahier des charges, si elle consent à m'accorder le prix de trente-cinq centimes par chaque lieue parcourue.

Si l'administration générale des postes trouve quelque avantage à ce que toutes les routes soient le plus tôt possible desservies par les malles-postes nouvelles, le soussigné offre de les achever et livrer toutes dans le délai de cinq mois, toujours au même prix de trente-cinq centimes par lieue parcourue. Le soussigné fournira à l'administration générale toutes les garanties exigées par le cahier des charges, et se fera cautionner par une bonne maison de banque de Paris.

Paris, ce 5 août 1818.

Approuvé l'écriture ci-dessus.

Signé LEMAIRE.